나의 밝은 햇살,
만해에게
바친다.

황건 시집
질그릇과 옹기장이

초 판 1쇄 발행 | 2020년 3월 3일

지은이 | 황건
펴낸이 | 홍윤경
상임고문 | 성하길
편집고문 | 김인호
편집위원 | 김민우, 홍윤경, 김애양
북디자인 | 오정화

펴낸곳 | 도서출판 재남
주소 | 서울 강남구 논현로 340 정도빌딩 301호
대표전화 | 070-8865-5562
전자우편 | onionmilk@hanmail.net
출판등록 | 제2014-29호

저작권자 2020 ⓒ 황건

* 이 책의 저작권은 저자에게 있습니다.
ISBN 979-11-88083-37-4 03810
값 | 9,000원

* 잘못 제본된 책은 바꿔드립니다.

Printed in KOREA

황건 시집

질그릇과 옹기장이

재남

독자에게

시간이 지나면 그 마음이 사라져 버릴 것만 같아
뜨거운 쇳물을 식기 전에 거푸집에 붓듯이 종이에 적었다.
가을날 숲에서 낙엽을 집어 글을 쓰고 바람에 날려 보내듯이
누군가 읽어주기를 바라며 원고를 보냈다.
늦은 봄의 꽃 수풀에 앉아 마른 국화를 비벼서 코에 대보았다.
코끝에 짙은 국화향기가 아직 남아있다.
이 시집과 만난 당신이 훗날 나를 기억한다면 이 시들 덕택이리라.

백락(伯樂) 같은 조오현 시인과, 유모 같은 이경 시인,
아름다운 삽화를 그려준 허혜원 화백에게 감사한다.

2020년 3월 황건

목차

1부 | 애별리고(愛別離苦)

그림자 … 12
구멍없는 피리 … 14
샘물의 노래 … 16
수술가위의 노래 … 18
꽃나무 … 20
목동의 갈대피리 … 22
종속의지 … 24
일체유심조(一切唯心造) … 26
생채기 … 28
초생달 … 30
거문고 … 32

2부 | 반비례 정비례

손가락 … 36
즐거움 … 38
자운토방 … 40
풍연(風鳶) … 42
그믐달 … 44
그믐밤 … 46
흰 달빛 … 48
정비례 … 50
검은 말의 애가(哀歌) … 52
자학(自虐) … 54
당신 가신 때 … 56
얼굴 … 58
꿈 … 60
갯바위 … 62

3부 | 마음 가다듬기

이카루스 … 66
벽옥(碧玉)의 노래 … 68
가슴 … 70
담금질 … 72
행간독법(行間讀法) … 74
의심 … 76
석불 … 78
산청 … 80
은장도(銀粧刀) … 82
질그릇과 옹기장이 … 84
대장장이 … 86
계셔요 … 88

4부 | 깨달음을 향하여

달빛 … 92
촛불 … 94
독백 … 96
당신은 … 98
벽옥(碧玉) … 100
문방사우(文房四友) … 102
그를 보내며 … 104
동종의 다비식 … 106
파리스의 애가(哀歌) … 108
마음 … 110
풀밭 … 112

5부 | 내가 나를 바라보니

누에고치 … 116
백장과 나 … 118

그의 집 … 120

백장의 코 … 122

나 … 124

외기러기 … 126

그 마음 … 128

동자승과 큰스님 … 130

강물처럼 … 132

피안교(彼岸橋)에서 … 134

동자승과 눈사람 … 136

무늬없는 도장(無紋綵印) … 138

논문 … 140

외과의사 … 142

심장조율기 … 144

시인과 검객 … 146

해설 … 148

황건 시집 | 질그릇과 옹기장이

1부

애별리고
愛別離苦

그림자

그대가 꽃밭에 들면
나비가 되고

그대가 거문고 줄을 고르면
산이 되고 물도 되고

그대의 어깨에 앉아 놀다가
이젠 발에 밟히고

당신이 빛나면
그늘에서

해가 질 땐 쭈욱 커졌다가
어둠에 묻히는

나는 당신의
그림자

구멍 없는 피리

나는 어린 대나무였어요
당신은 밑둥을 베어 다듬어
구멍도 없이

해질 무렵이면
숨결을 불어넣어

시냇물과 산새를 날려 보냅니다
파도와 갈매기를 불러 모읍니다

(2005년 〈열린 시학〉 가을호 게재)

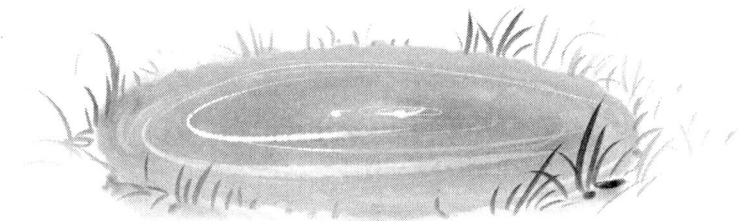

샘물의 노래

– 살마시스(Salmacis)가 허마프로디테(Hermaphrodite)에게 –

당신을 기다리고 있어요
어서 오시어 타는 혀를 축이셔요

뚫어지게 바라보지만 말고
이젠 내 안으로 들어오셔요

당신 품으면 내 가슴 물결치고
우리는 회오리바람을 따라 돕니다

내 손 놓지 말고 꼭 붙잡아 주셔요
내 안에서 나가지 마셔요

당신 나가시려면 나는 그림자처럼
당신께 스며들어 하나되게 해 주셔요

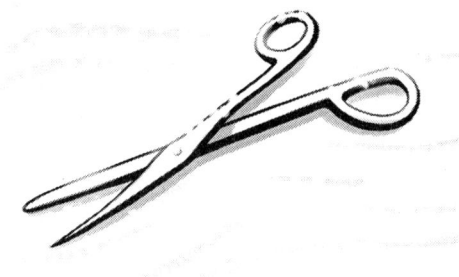

수술가위의 노래

　당신의 손에 잡힌 나를 써 주셔요 나는 당신을 위해 언제나
준비되어 있습니다
　다른 사람이 나를 잡으려고 손을 뻗치면 나는 예리한
나의 두 날로 위협하지마는 당신이 손을 내밀면 당신의 손에
착 들러붙어서 당신이 바라는 대로 움직입니다
　나는 당신의 손에 잡히면 무엇이나 자를 수 있습니다
어떤 장해물도 피하여 나아갈 수 있습니다
　만약 내가 더러워지면 나를 깨끗이 닦아 끓여 정화시켜 주셔요
　만일 나의 날이 무디어지면 타버려 재가 되어버린 사랑을
다시 일으키듯이 나의 날을 갈아 세워주셔요
　나는 내가 낡아도 당신이 나를 버리지 않고 허드렛일에라도
써 주기를 바라면서 당신의 손에 잡혀 날마다 날마다 낡아갑니다

꽃나무

봉오리를 터트렸어요
당신이 나를 적시어

나는 당신의 방을 밝히고
당신의 향기는 나를 취하게 합니다

세월이 흘러 머리카락에 눈이 내려도
당신은 나를 다시 꽃피게 하실 거여요

떨어진 나의 입술은 책갈피에 넣어 당신 품으로
나는 당신의 꽃나무여요

목동의 갈대피리

– 갈대로 변한 시링크스를 생각하며 갈대피리를 부는 판(Pan)의 이야기 –

앞에 가는 아가씨 얼굴 좀 봐요
나도 알고 보면 멋진 남자니
조용한 이 숲에서 얘기 좀 해요

이마엔 뿔 문신 다리 털 북실
짐승 같은 남자에겐 대꾸 했다간
못들은 척 앞만 보고 달려 가야지

부모 닮은 내 모습에 화들짝 놀라
참한 모습 고운 처녀 종종걸음에
따라가면 한걸음에 잡힐 듯 말듯

다가오는 거친숨소리 막아선 강물
갈대숲에 몸을 숨겨 지켜지려나
차라리 찬 물속에 몸을 던질까

머리카락 움켜쥐니 갈대 한줌 뿐
밑둥을 베어 엮어 피리 만들어
허공에 울려 퍼진 그대 목소리

종속의지

내가 당신을 생각하는 것은 나의 자유의지에 따른 것이 아닙니다
당신이 나로 하여금 날마다 당신을 생각하게 만들기 때문입니다
그런데도 당신은 나를 보고 의지가 약하다고 나무랍니다 생각을
다스리지 못한다고
아침에 일어나 글공부를 하려고 벼루에 물을 부으면 당신의
얼굴이 비칩니다
낮에 호미를 들고 꽃밭의 김을 맬 때에 당신은 따뜻한 햇살이
되어서 나의 등을 따스하게 합니다
저녁때 냇가에서 빨래할 때에 당신은 시냇물이 되어 내 손을
간지럽힙니다
밤에 다듬이질 할 때에 당신은 다듬이 소리에 맞추어 노래합니다
어디든지 당신이 계시기 때문에 당신이 생각나는 것은
나의 자유의지가 아니라 당신에게 매인 종속의지입니다

일체유심조(一切唯心造)

당신이 가신 뒤 당신을 찾으러 가는 길에 현인(賢人)을 만났습니다

"모든 것은 마음이 지어낸 것이다(一切唯心造) 네가 다시 찾으려는 너의 님은 너의 마음이 만든 허상이다 허상을 찾아 목숨을 걸다니 어리석다"고 현인은 말하였습니다

그 현인은 어리석습니다

목숨이 중하기는 하지만 당신을 찾지 못하면 죽는 것보다도 더 고통스러운 줄 모르기 때문입니다

나의 님은 내가 만든 허상이 아니라 그 허상과 꼭 일치하는 실체인 것을 모르기 때문입니다

님의 그림자인 내가 있으니 나의 님도 실체일 수밖에 없다는 것을 모르기 때문입니다

생채기

엄마가 보고 싶으면
손톱을 물어뜯었는데
당신이 보고 싶으면
가슴에 생채기를

마음이 쓰린 때에 당신 생각을 하면
가슴 속 아픈 마음이 뜨거운 눈물이 되어
샘처럼 솟아 나와
나를 깨끗이

아른거리던 모습이 뚜렷이
희미하던 목소리가 또렷이
당신이 다가오시어
우리는 하나

초생달

초저녁에 말을 달려 강가에 닿았습니다
철모르는 아이들은 벌건 불덩이를 통에 넣어 끈을 매어 돌려댑니다
당신은 실낱 같은 얼굴로 산기슭에 앉아 계시다가 강물 위에서 너울거립니다
제발 강물 위에서 춤추지 마셔요
강물을 따라 흘러가실 것만 같아요
당신을 쳐다보고 있으면 내가 흘러가는 것 같아요
제발 그 자리에 계셔요
당신은 나를 내려다보면서 흔들리는 것은 당신이 아니라 나의 마음이라고 나무랍니다

거문고

무릎을 베고 누워서
당신 손길을 기다립니다

팽팽하게 당겨주셔요
따뜻하게 안아주셔요

열락(悅樂)의 산으로
눈물의 폭포로

머리에 흰 눈이 내리고
가슴에는 붉은 꽃이 필 때까지

(2005년 〈시와 시학〉 57호 게재)

황건 시집 | 질그릇가 옹기장이

2부
반비례 정비례

손가락

개는 쫓아가지만

사자는 던진 놈을 물어뜯어

흙덩어리를 던지면…

노새는 맞아야 가지만

준마는 그림자만 보여도 달려

채찍을 들면…

내 눈엔 달은 안 보이고

손가락만 보여

그는 애타게 가리키는데…

(2006년 〈창작21〉 신년호 게재)

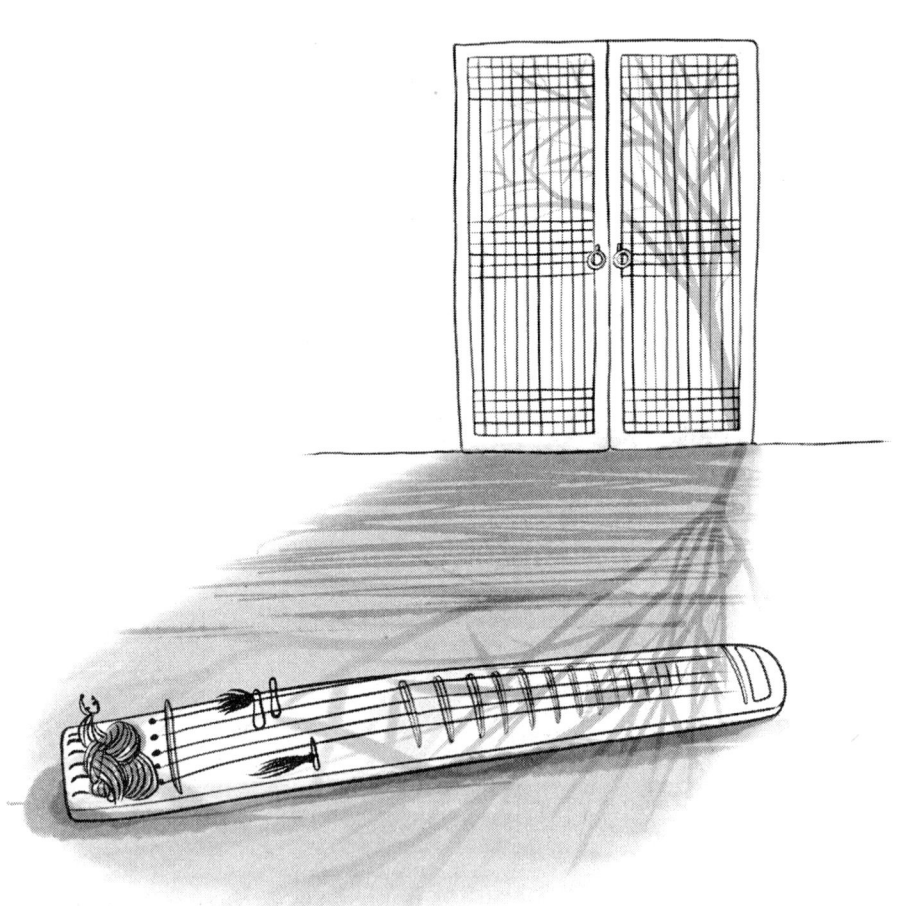

즐거움

당신이 떠난 뒤로 즐거움이라고는 눈 내린 벌판의 발자국만큼도 없습니다
들어줄 이 없는 거문고의 줄은 끊어져버린 지 오래 되었습니다
밀어줄 이 없는 그네는 매었던 느티나무에서 떼어 땔감을 하였습니다
보아줄 이 없는 얼굴은 거울에 비쳐본 지도 여러 달 되었습니다
마을에 들어온 사당패의 놀음에는 구경 가기도 싫습니다
앉아도 편안치 않고, 먹어도 맛을 모릅니다
당신이 떠난 뒤 나의 즐거움이라고는 전할 수도 없는 편지를 쓰는 일 뿐입니다
언젠가는 당신이 읽어주실 것을 믿기 때문입니다

(2013년 〈시문학〉 게재)

자운토방

아카시아 향기 따라 걸어왔더니

주인대신 반기는 보랏빛 구름

쪽마루에 걸터앉아 하늘을 보면

둥우리 찾아가는 흰새 날갯짓

그대의 모습을 보고 싶어서

향 피워 글자에 숨 불어넣어

흰 저고리 소맷짓에 그 문을 열고

물 위에 배 띄워 저어 오셔요

풍연(風鳶)

　당신은 백간죽(白簡竹)을 깎아 다듬어 내 몸을 만들고 빛나는 해가 그려진 옷을 입혔습니다
　내 옷고름에는 부레뜸 가미를 먹인 상백사(常白絲)를 매어 육모얼레에 감았습니다
　당신은 나를 안고 강가에 나가 배를 내어밀듯이 바람에 나를 풀어놓습니다
　나는 나를 밀고 당기는 당신의 손끝에 따라 솟구치기도 하고 곤두박질도 하고 빙빙 돌기도 합니다
　당신은 내가 멀리 날아 한 점이 되어도 구름 속에 숨어도 내가 어디쯤 있는지 잘 아십니다
　해가 지면 당신은 나를 불러들여 가슴에 안고 돌아오곤 했지요
　어느 날 갑자기 몰아친 회오리바람이 줄을 끊어 당신은 나를 놓치고 나는 날려갑니다
　나를 따라 달려오다가 넘어지는 당신의 모습이 멀어져갔어요

깊은 산속 나뭇가지 끝에 걸려 내 옷은 찢어지고 예쁘던 모습이 뼈대만 남았어요

어서 나를 찾으러 오셔요 내게 다시 옷을 입혀 주셔요

나는 나를 만드신 당신의 한 부분이어요

그믐달

새벽에 말을 달려 강가에 닿았습니다 동짓달의 강바람은 매섭게도 살갗을 파고듭니다

밤마다 나를 비추던 당신이 오늘은 건너편 언덕에서 나에게 손짓하며 말합니다 당신을 따라가려면 내가 가진 모든 것을 버려야만 한다고

나는 원래 가진 것이 없어 따로 버릴 것도 없습니다 지니고 있었던 것이라고는 한 조각 붉은 마음 뿐이었는데 당신께 드린 지 오래입니다

당신을 따라가지 못하는 것은 한 손으로도 훑어버릴 수 있을 것만 같은 거미줄 같은 실타래가 나의 발목에 얽혀있는 까닭입니다

강물에서 놀던 흰 새들은 하늘로 날아오르는데, 나는 실타래에 걸려 말에서 떨어져 바닥에 주저앉았습니다

동쪽 하늘이 밝아오면서 그믐밤을 비치던 달은 그 형체를 잃었고 나는 당신을 놓쳐버렸습니다

(2005년 〈시와 시학〉 57호 게재)

그믐밤

당신 가시던 때가 달도 없는 그믐밤이었으니 꼭 한 달이 되었습니다
한 달 전이 엊그제 같기도 하고 여러 해 전 같기도 합니다
당신은 떠나시면서 "너는 곧 나를 잊게될 것이다" 하였습니다만 잊혀지기는커녕 나의 마음속으로 점점 더 깊게 파고 들어갑니다
나는 아침에 일어나면 손에 쥐고 자던 벽옥을 주머니에 넣는 일부터 시작합니다
책상에 앉으면 당신의 아침인사소리가 들려 거울 속의 당신과 눈 맞춥니다
글을 쓰려고 벼루에 물을 떨어뜨리면 당신의 얼굴이 어립니다
시름을 잊으려 강가에 나가면 당신의 발자국을 마주보고 걷게됩니다
삼경에 뜰에 앉으면 당신의 별이 내 어깨 위에 내려와 앉습니다
당신이 머릿결을 기대었던 나의 어깨가 젖은 것은 밤이슬 때문이 아니라 나의 눈물 때문인 것을 새벽닭이 울 때에야 알았습니다

흰 달빛

발자취 소리도 없이 다가와
나의 등을 만지다가
내가 돌아보면
왜 달아나셔요?

부드러운 손을 내밀다가
나의 입술이 닿으려하면
왜 거두어 가셔요?

가져가시고는
왜 돌려주려고 하셔요
나의 여린 마음을…

정비례

이 세상에 자신의 마음이 아프기를 바라는 사람은 아마 없을 것입니다

만약 그런 사람이 있다면 아마 자학증 환자일 것입니다

그런데 당신이 떠나신 뒤로 나는 스스로 마음을 아프게 만듭니다

당신을 생각하며 아파하는 나의 마음은 나의 당신을 사랑하는 마음의 한 부분입니다

따라서 나의 마음이 많이 아프면 당신에 대한 사랑이 크고, 적게 아프면 사랑이 적은 것입니다

당신은 나에게 "세월이 흐르면 아픔도 잊게 될 것이다" 하시고 떠났습니다

당신이 가신 뒤로 당신을 떠나보낸 아픔보다 그 아픔이 적어져 당신에 대한 사랑이 적어지는 것이 더욱 두렵습니다

검은 말의 애가(哀歌)

- 백락(伯樂)님께 -

나는 원래 노마(怒馬)였는데 말시장에 오신 당신이 두 번이나 눈길을 주시어 준마(駿馬)가 되었습니다

그 후로 다른 사람이 나의 등에 타려하면 나는 미친 말이 되어 날뛰지마는 당신을 태우면 당신을 졸게 만드는 포근한 잠자리가 됩니다

당신을 등에 태우면 나는 당신의 온기를 느끼고 당신의 향기를 맡으면서 당신에게 몰아치는 비바람을 나의 날개로 막으며 광야를 달릴 수 있습니다

당신이 탄 수레를 끌면 나는 폭풍이 휘몰아치는 바다라도 겁내지 않고 건널 수 있습니다

당신이 내 목의 갈기를 쓰다듬으면 나는 당신을 태우고 당신의 별자리까지 날아갑니다

만약 당신이 아니 오시면 나는 당신이 오실 때까지 벌판에서

백락성(伯樂星)*을 보며 당신을 기다립니다

　나는 언젠가는 당신이 돌아와서 내 뼈를 추려 주실 줄만을 알고 당신을 기다리며 늙어갑니다

* 백락성: 별자리 이름. 옥황상제가 타고 하늘을 달리는 말을 천마라고 하는데, 이 말을 부리는 마부가 백락성이다.

자학(自虐)

　당신 계실 때 당신의 거문고 가락에 맞추어 춤을 추었습니다 대나무를 깎아 족제비털 붓을 만들었습니다 도포를 지어 해를 수놓았습니다
　그러나 당신께 나를 온전히 드리지 못하였습니다
　당신은 떠나면서 "너는 위선자이다 너의 사랑은 거짓이다 네가 나에게 해줄 수 있는 일은 내가 돌아가도록 놓아주는 일 뿐이다"고 하였습니다
　당신의 그 말씀에 하고 싶은 말도 못하고 보낼 수밖에 없었습니다
　당신을 위해서라면 당신을 보내는 아픔을 참을 수 있습니다 당신을 보고 싶은 그리움을 참을 수 있습니다 나를 모르는 체 하는 당신을 멀리서 보는 슬픔을 참을 수도 있습니다
　그러나 행여 당신이 변함없는 나의 마음을 모르는 것만은 참을 수 없습니다
　그래서 당신이 주신 나의 마음을 일백 번 담금질 한 뒤에 얼음송곳으로 일천 번이나 찔렀습니다

당신 가신 때

당신이 계실 때에 나에게 당신 편에 서 달라고 하였습니다
그리하지 못하더라도 마음은 당신께 있다는 것을 당신이 알도록 해야한다고 일렀습니다
당신을 슬프게 해서는 안 된다고 하였습니다
당신의 이야기를 들어달라고 하였습니다

당신이 가실 때 당신 편에 서서 당신을 구하지 못하였습니다
당신 눈에서 흐르는 눈물을 닦아드리지도 못하였습니다

당신은 떠나시며 당신을 생각하지도 말라고 하였습니다
당신께 소식도 전하지 말라고 하였습니다

당신이 생각나는 것은 당신에게 매인 종속의지 때문입니다
답신이 없을 줄을 알면서도 당신께 글을 쓰는 것은 비록 당신 편에 서지 못하였지만 마음은 당신께 있다는 것을 알도록 하기 위함입니다

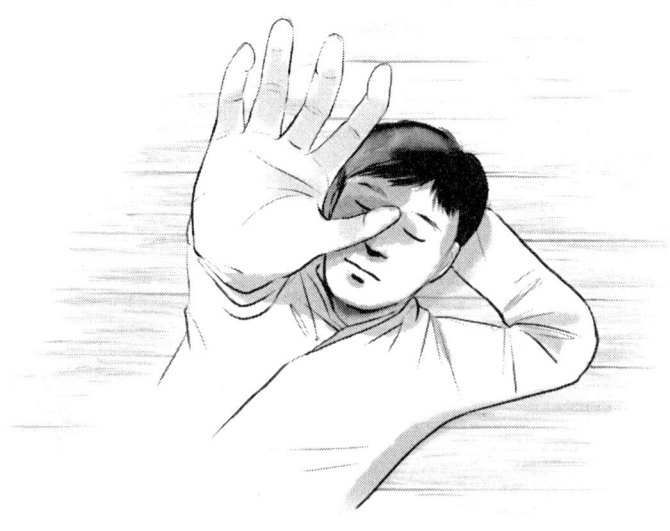

얼굴

옷 짓던 검은 천에 색실로 수놓아요
정수리 이마주름 흰눈 덮인 그 눈썹을
눈자위 인자한 미소 그리다간 풀고말아

잠자기 전 세숫물에 손가락으로 새겨봐요
눈 밑의 깊은 주름 둥근 코 볼의 새암
사자후 붉은 입술은 몇 번이나 지웠어요

잠 안오는 자리에서 허공에다 그렸어요
구름사이 햇빛 같아 어둡다간 눈이 부셔
황홀히 눈을 감아도 웃고 계신 내님 모습

(2006년 〈창작21〉 신년호 게재)

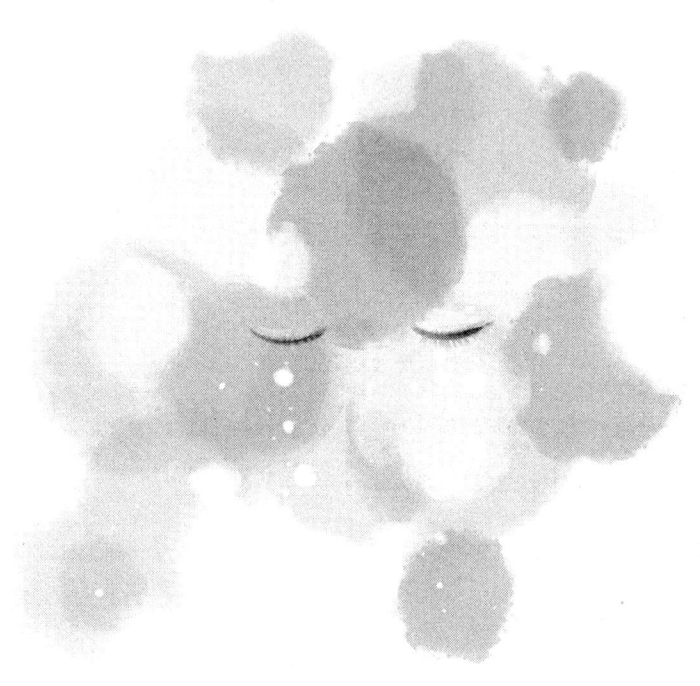

꿈

당신이 떠나신 뒤 내가 보내는 편지에 답장이 끊어진 지 오래되었습니다

당신 계신 곳을 찾아가고 싶지마는 내가 간 사이에 당신이 다른 길로 오실까봐 기다릴 수밖에 없습니다

어느 날 밤 나는 당신을 찾아갔습니다

나는 당신을 보자 회한에 목놓아 울었습니다

당신은 내게 다가와서 두 손으로 내 볼을 잡고 엄지손가락으로 흐르는 나의 눈물을 닦아주시며 같이 우셨습니다

당신이 마음 아파하시는 것을 참을 수 없어 내가 나의 눈물을 삼킬 때에 새벽닭이 홰를 쳐 깨고 보니 내 팔에 안긴 베게만 젖어있었습니다그려

갯바위

나는 당신을 기다리고 있어요
어서 오셔요

아득히 보이던 당신은 살금살금 다가와 내 발등을 간질이더니
넓은 가슴으로 나를 숨막히게 끌어안습니다
당신 속에 내가 하나된 줄 알았더니
당신은 내 가슴을 도닥거리며 뒷걸음질칩니다
당신의 옷자락을 움켜잡은 나의 손가락 사이로
당신은 노래처럼 멀어져갑니다

내 몸을 조금씩 깎아가셔요
내 마음도 조금씩 녹여가셔요

그리하여 나는 자취도 없이 사라지고
당신 속에서 푸르디푸르게 출렁이게 하셔요

(2005년 불교지 〈유심〉 22호 게재)

황건 시집 | 질그릇가 옹기장이

3부

마음 가다듬기

이카루스

아버지는
새 깃털 날개를 등에 붙이며
해 가까이는 가지 말라고

나는
수평선 아래로 잠기는
당신에게로

바다에 빠지기 전에
당신의 품에서
하나 되려고

(2013년 〈닥터K〉 게재)

벽옥(碧玉)의 노래

나는 산에 있는 푸르스름한 돌멩이였어요
당신이 나를 갈고 닦아 나는 푸른 옥구슬이 되었습니다
나의 얼굴은 윤기가 흡니다 당신이 쓰다듬고 입을 맞추기 때문입니다
당신은 나를 가슴에 품고 나는 당신의 마음을 채워줍니다
내가 당신의 손에 잡히지 아니하면 당신은 애타게 나를 찾다가 나의 얼굴을 보아야만 안심합니다
만약 당신이 실수로 나를 떨어뜨리면 나는 산산조각이 날 겁니다
남들에게는 나를 보여주지도 마셔요 나를 탐내어 그들이 당신을 해칠까 두려워요
나는 부서지더라도 남의 손에 닿기는 싫어요 당신은 나를 당신 몸으로 여기지마는 남들은 나를 패물(佩物)로만 여기는 까닭입니다

가슴

나에게는 빈 가슴밖에는 없었습니다

그런데 당신이 오시어 나의 가슴을 채워주었습니다

나의 가슴은 당신으로 가득 차서 아무도 들어올 수가 없었습니다

떠나실 때 당신은 내게서 당신의 마음을 모두 거두어 갈 터이니 당신을 잊으라고 이르셨습니다

당신에게 거역하여본 적이 없는지라 시키신 대로 당신을 잊으려고 하였습니다

책을 펴서 글을 읽어보았습니다 정원의 꽃도 가꾸어 보았습니다 말을 달려 강가에 나가기도 하였습니다

글줄 사이에 당신의 이름이 어립니다 꽃들 사이에 당신이 웃고 있습니다 강물 위에서 당신은 너울거리며 춤을 춥니다

잊으려하면 더욱 생각나기에 나의 가슴을 들여다보았더니 거두어 가신다던 당신의 마음이 그대로 남아있습니다그려

행여 당신의 마음을 잃을세라 천만사(千萬事) 그리움의 실로 가슴을 동여매었습니다

담금질

나의 가슴은 화로여요 당신은 혹시 나의 마음이 식을까봐 풀무질로 달굽니다

당신의 손은 집게여요 당신은 달구어진 나의 마음을 꺼냅니다

당신은 대장장이여요 당신은 꺼낸 나의 마음을 망치로 마구 내려칩니다

당신의 망치에 맞은 나의 마음은 불꽃을 튀기며 부서집니다

당신은 부서진 나의 마음을 모아 붙인 후 청강수에 넣습니다

그러면 여리고 약해지려던 나의 마음은 다시 단단해집니다

행간독법(行間讀法)

    당신에게서 편지가 왔기에 책을 읽다가 덮어두고 펼쳐보았습니다
    당신의 편지는 글자 대신 글줄사이를 읽어 뜻을 헤아리는 수밖에는 없습니다
    당신은 내게 잘 있냐고 물으시고는 당신도 잘 지낸다고 하였습니다
    당신이 가신 뒤에 내가 그리움을 참고 아픔을 즐기는 줄을 당신이 아시며 당신도 그러하다는 줄 알았습니다
    당신은 안정된 생활을 찾고자 노력한다고 하였습니다
    당신이 가신 뒤에 내가 휘청거린다는 것을 당신이 아시며 당신도 그러하다는 줄 알았습니다
    내가 당신을 찾지 않아 고맙다고 하였습니다
    당신이 가신 뒤에 내가 당신을 찾아 달려가고 싶은 마음을 달군 부지깽이로 누르고 있다는 것을 당신이 아시며 당신도 그러하다는 줄 알았습니다

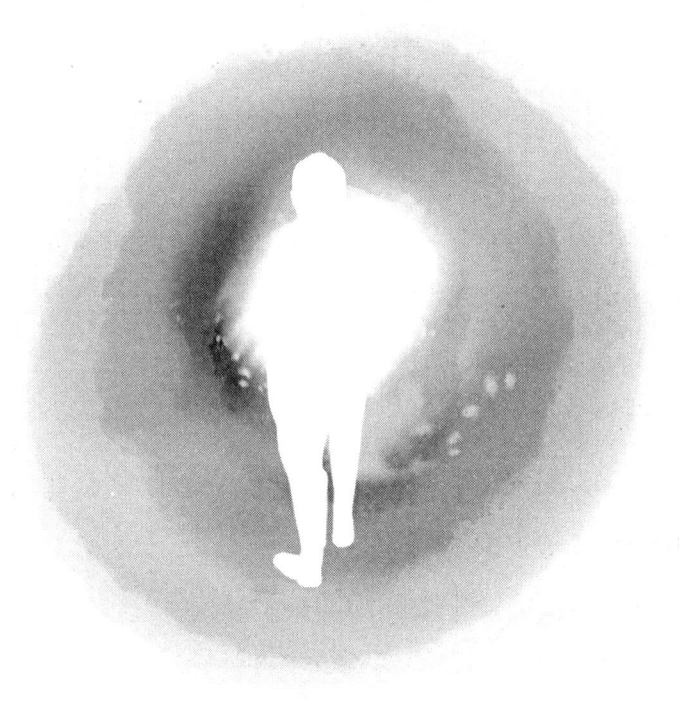

의심

– 에우리디케가 오르페우스에게 –

　당신의 리라 가락에 맞추어 춤출 때 나는 시간이 멈추기를
바랐어요 이 행복이 영원할 줄로만 생각했지요
　그들이 나를 어둡고 추운 천길 땅속으로 데려온 뒤에도
나는 언제나 당신을 기다렸어요
　나를 잃고 슬퍼하던 당신은 가파른 오솔길을 끝없이 걸어 내려와
철문을 열고 나를 데리러 오셨어요
　당신의 구슬픈 노래 가락은 지하세계의 영혼(靈魂)들을 울렸습니다
　나는 당신을 따라 갈 터이니 앞장서 걸어가셔요
　뒤따르는 나에게 조금도 의심을 두지 마셔요
　나의 발자국 소리가 작더라도 뒤돌아보지 마셔요
　만약 당신이 약속을 어기고 뒤돌아보면 그들이 나를 다시 데려가
당신은 나를 잃게 됩니다
　나는 당신이 내게 의심 갖지 않기를 바라면서 당신의 뒷모습을 보며
어두운 길을 따라갑니다

석불

어서 꺼내주셔요 비바람 세월 참고 기다렸어요
내 몸에 먹줄을 놓으셔요
내 가슴에 징을 먹이고 망치로 내리치셔요
나의 입술을 적시셔요 당신의 이마와 가슴에서 떨어지는
땀방울로
당신 모습을 닮은 내 얼굴을 꺼내주셔요
당신 그림자와 같은 내 미소를 새겨주셔요
그리고 당신의 마음을
반으로 나누어 내게 넣어주셔요

그러면 나는 당신 반쪽의 저린 가슴으로
천년 비바람을 마주하여 여기 이렇게 서있겠습니다

(2005년 〈시와 시학〉 57호 게재)

산청

– 이경 시인에게 –

두고 온 그 아이가

눈에 밟혀서

삭발한 어린 비구니

검은 눈동자

겨울밤 어린 처녀

노래 소리에

흐르는 눈물 받아

술을 빚을까

그 눈물로 빚은 술은

맑은 노래로

은장도(銀粧刀)

당신은 여린 나의 몸에 강철날을 박더니 수없이 달구고 식혔습니다
당신은 나의 몸을 줄로 다듬고 숫돌에 갈아 날을 벼렸습니다
당신은 나의 얼굴을 문질러 윤을 내더니 옆구리엔 태양을 새겼습니다
당신은 나를 옷섶에 차고 다니며 어루만집니다
나는 당신이 손에 쥘 때에는 부드럽지만 다른 사람이 닿으려하면 날카로운 날로 위협합니다
만일 누가 당신을 해치려하면 나는 당신을 지킬 거여요
만약 당신이 자신을 지키지 못하게 되거든 나로 하여금 당신을 찌르게 하셔요
당신을 찌르는 아픔에서 당신을 빼앗기지 않고 당신과 하나가 되는 기쁨을 나에게 주셔요
나는 당신의 은장도여요

(2005년 〈시와 시학〉 57호 게재)

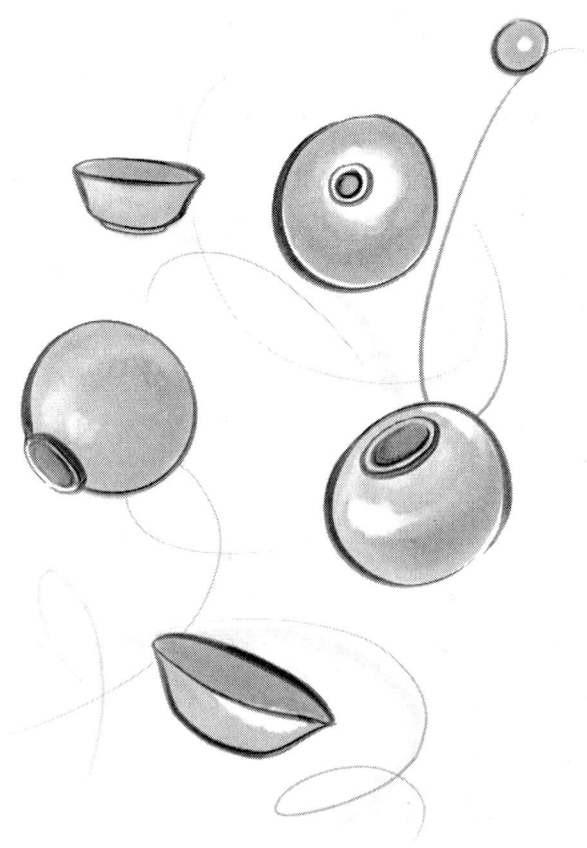

질그릇과 옹기장이

나를 어루만지며 촉촉히 적시셨어요
부드러운 손끝에 몸을 맡겼지요

따스한 손 안이 극락인가 하였는데
이젠 열탕지옥에 떨어집니다

당신은 손가락으로 튕겨 봅니다
하얗게 타버린 나를

맑은 노래를 부르면 고운 옷을
목이 메이면 그만 바수어 버려요

흩어진 나는 기다립니다
다시 당신 손끝에 닿을 날만을…

(2006년 〈시를 사랑하는 사람들〉 1-2월호 게재)

대장장이

늙은 대장장이는
망처기일(亡妻忌日)도 잊고
불덩어리를 두들겨
세월을 담금질하였는데

당신은
내 마음이 식을세라
풀무로 달구어 내리치고
청강수에…

여려지려던
마음은
다시
금강석처럼…

(2005년 〈열린 시학〉 가을호 게재)

계셔요

곁에 계셔요
댓돌 위에 가지런한 가족들의 신발처럼

있을 거예요
부엌일에 재 묻은 옷을 검다고 나무라지만 않으면…

가까이 계셔요
분수 같은 새벽종 소리처럼

머무를 거예요
아이 재우느라 상한 목소리를 쉬었다고 꾸중하지만 않으면…

내 안에 계셔요
늦가을 광에 가득히 쟁여진 장작처럼

가지 않아요
일하다가 흐른 땀 냄새를 싫어하지만 않으면…

손을 놓지 마셔요
주름졌지만 부드러운 어머니의 손처럼

끝내 놓지 않겠어요
거칠어진 나의 손을 그대가 뿌리치지만 않으면…

황건 시집 | 질그릇가 옹기장이

4부

깨달음을 향하여

달빛

쪽배를 등에 지고
흰 이빨에 물리면서
파도와 맞서는
달빛

새끼를 등에 업고
빈주먹으로
세파를 막아내는
아버지

번뇌의 바다에서
우리를 건져내는
금강석 같은
말씀들

(2005년 불교지 〈유심〉 게재)

촛불

어둠이 빛을 밝히며 타들어갑니다
그림자는 무희(舞姬)처럼 너울너울

빛과 어둠이 둘이 아니기에
내 몸에도 불을 붙였습니다

불꽃들은 서로 넘나들고
이끌어 들이며 얼싸 안습니다

나와 당신이 마주보고 녹아내릴 때
일체만법(一切萬法)이 소리 없이 타들어갑니다

독백

당신이 가신 뒤로 나는 당신을 잊어본 적이 없습니다
아침에 일어나서 세수하려고 물을 받아 놓으면 당신의 얼굴이
비치기에 "잘 주무셨어요?" 물으면 당신도 같은 안부를 묻습니다
낮에 꽃밭을 가꾸면서 꽃들 사이에 당신이 숨어 계시기에
"보고싶어요"라고 응석을 부리면 당신도 같은 얘기를 합니다
저녁에 강가에서 당신의 발자국을 마주보며 걸으면서
"언제 오셔요?" 물으면 당신도 같은 질문을 합니다
잠 아니 오는 밤에 뜰에 나와 당신의 별을 보며 "몸조심 해요" 하고
당부하면 당신도 같은 인사를 합니다
돌아오는 목소리가 당신과 나 사이에 가로막힌 큰 산의 메아리인가
하였더니 나의 마음속에 있는 당신이 내게 이르시는 줄을 이제야
알았습니다

당신은

녹슨 동전을 손바닥에 쥐었다가
펴보면 순금이 되는
당신은 연금술사

어지러운 글자들을 종이에 접었다가
털어내면 노래가 되는
당신은 시인

솟아나는 번뇌를 마음속에 담았다가
꺼내면 깨달음이 되는
당신은…

(2005년 불교지 〈유심〉 22호 게재)

벽옥(碧玉)

당신이 가신 뒤에 나는 푸른 옥을 늘 지니고 있습니다

다른 사람이 보기에는 흔한 조약돌 같지마는 이 가치를 아는 사람은 나밖에는 없습니다

떠날 때 당신이 내게 주시며 "나의 입술이 닿은 것이니 간직하라"고 하셨기 때문입니다

이 벽옥은 내가 가슴에 품고 다니어 따뜻합니다

이 벽옥은 내가 쓰다듬고 입을 맞추어 윤이 납니다

나는 마음이 아프고 쓰린 때에 이 벽옥을 들여다보면 눈물이 옥에 떨어져 거울이 되고 거울 속에는 당신의 모습이 역력히 보입니다

거울에 비친 당신의 얼굴에 입맞출 때에 나는 당신과 내가 둘이 아니라는 것을 깨닫게 됩니다

문방사우(文房四友)

당신이 글 쓰시던 서재는 당신 가신 뒤로 그대로 잠가두었습니다
문고리에는 먼지가 자욱히 앉았지마는 당신이 계실 것만 같아 들어가 보았습니다
앉아 계시던 자리는 비어있고 문방사우만 세사리를 지키고 있습니다
당신의 체취를 맡고 싶어 쓰시던 먹을 잡고 묵향(墨香)을 들이켰습니다
당신의 손끝을 느끼고 싶어 쓰시던 붓을 잡아들었습니다
당신께 편지를 쓰려고 종이를 펼치고 연적을 기울이니
염수(染水)는 말라버린 채 나의 눈물만 벼루에 떨어집니다그려

그를 보내며

- 오디세우스를 보내는 칼립소의 노래 -

파도가 보냈어요 바람 불던 밤
나무조각 잡은 채로 숨만 붙어서
내가 걷던 바위틈에 밀려왔지요

따스한 이곳에서 같이 살아요
맑은 물 좋은 음식 부드러운 흙
나와 함께 지내면 늙지 않아요

행복한 칠 년 간이 눈 깜빡 할 새
바다만 바라보는 그대 뒷모습
당신 마음 알게 되니 어찌하려나

도끼로 나무 잘라 배 만드셔요
눈물로 빚은 술도 함께 실어서
돛 달아 바람 안고 고향 가셔요

동종의 다비식

당신의 가슴을 녹여 나를 만드셨어요
청동을 풀무질하여 숨결을 불어
나는 새벽마다 맑은 노래를 불렀지요
당신 들으시라고

어느 이른 봄날
당신은 회오리바람을 타고 오시더니
천만근 번뇌의 열로 나를 휩싸고 돕니다
당신이 그 옛날 나를 만드실 때처럼

이제 이승의 삶 고단하여 당신에게 돌아가려합니다
나는 몸도 마음도 자취없이 사라지고
당신의 품에 안겨 불빛이 되고
바람의 노래를 따르렵니다

* 낙산사 화재로 '동종'이 소실되었음.

(2005년 〈불교신문〉 4월 15일자 게재)

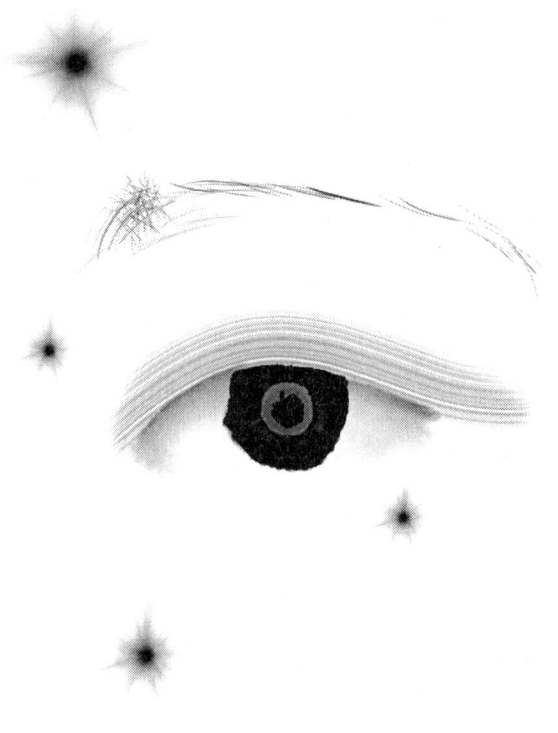

파리스의 애가(哀歌)

나와 당신과의 인연은 날개 달린 어린이가 양을 치던 나에게 황금사과를 건네기 전부터 정해져 있었나봐요

권력이나 지혜보다 아름다움을 더 사랑했기에 나는 그 사과를 미의 여신에게 주었어요

그 대가로 당신은 나를 처음 본 순간 화살에 맞아 나를 따라왔습니다

나는 늘 아름다운 당신의 눈을 들여다보는 것을 좋아했어요 시간은 빨리 흘러갔구요

그들이 당신을 데려가려 하였지만 비록 모든 것을 잃게 되더라도 나는 사랑하는 당신을 보낼 수 없었습니다

이제 숨이 가쁘고 몸을 가눌 수 없으니 내가 당신을 떠나 먼저 가나봅니다

그러나 나는 그때의 선택을 후회하지는 않아요 그 동안 너무나도 행복하였기 때문입니다

마음

회오리바람이 가을날 뜰에 쌓인 낙엽을 몰아가듯이 당신은 나의 마음을 가져갔습니다 내게 남은 것은 빈 가슴뿐이었습니다

그러다가 어느 날 당신은 당신의 마음과 가져갔던 내 마음을 함께 나에게 보내왔습니다

나는 두 마음을 합한 뒤 반으로 나누어 그 반은 내 가슴에, 나머지 반은 당신의 가슴에 넣었습니다 당신과 나는 똑같은 마음을 가지게 되었습니다

그러니 내가 기쁘고 즐거우면 당신도 그럴 것이며, 내가 슬프고 괴로우면 당신도 역시 그러할 것입니다

당신이 가신 뒤로 나는 당신을 생각하면 나의 마음은 아프고도 행복합니다 나의 마음이 아프고도 행복하면 당신도 그러할 터이나 나는 당신의 마음이 아픈 것을 도저히 참을 수가 없습니다

혹시라도 당신의 마음이 아플까봐 당신을 생각하지 않으려고 해 보았으나, 내가 당신을 생각하는 것은 나의 뜻에 따른 것이 아니라 저절로 떠오르는 것이기에 어쩔 수 없었습니다

따라서 당신의 마음이 아프지 않도록 하려면 내가 당신 생각을
할 때에 나의 마음이 아프지 않도록 하는 수밖에는 없겠습니다

풀밭

- 성기준 교수께 -

퍼지르고 앉으니 내 자리던데

일어나 둘러보면 흔적도 없어

앞을 보고 걸으니 내 길이던데

멈추어 돌아보면 자국도 없네

황건 시집 | 질그릇가 옹기장이

5부

내가 나를 바라보니

누에고치

누에는 비단옷 입고 맑은 노래를

나는 뽕잎 먹고 실을 토하고

섶실 뚫고 나가면 하늘을 날고

찢을 용기 없으면 박제가 되지

(2012년 〈문학과 의학〉 게재)

백장과 나

그 늙은이는
밭을 떠난 적이
없었는데도
밭에 얽매이지 않았다는데

낡은 이 몸은
늘 떠나려고 했는데도
얽히고 설켜서

발목의 거미줄을 훑어버리려
버둥거리지만
쇠사슬처럼
점점 조여들기만

그의 집

그가 어깨에 지고 갔던 열네 곳을 따라
불빛 앞에 이르면
굳게 닫혀있는 문

그들이 헐은 시
사흘 만에 세운
그 집

포도주는 피로
빵은 살로

나를 버려야만 열리는
그 문

(2005년 〈대구시학회 동인집〉 게재)

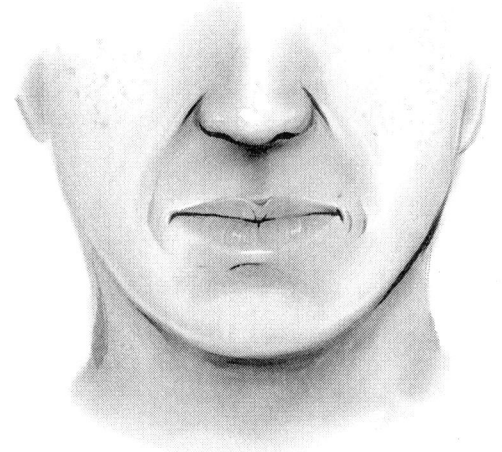

백장의 코

눈 앞에 있지마는 보이지
않고
잡아 힘껏 비틀면 정신이
번쩍

얼굴을 씻다가는 손에 닿는데
그것 만지려고
세수하는 건 어리석은 것

나

추수 끝난 들판을 날아다니며
떨어진 이삭들을 찾아 헤매는

인적 끊긴 나루터에 호올로 서서
강 건너 언덕만 바라다보는

눈 덮인 벌판 건너 바랑도 없이
앞을 막은 북벽(北壁) 향해 걸어만 가는

(2012년 〈문학과 의학〉 게재)

외기러기

세상 길 마음 길이 끊어져서는
깊은 산 절간에 몸을 붙이고

절 안팎 궂은 일 도맡아 하며
새경은커녕 짚신 값도 못 받아

아직도 바깥세상 미련이 남아
세간과 출세간을 들락거리며

대자유의 길로 날아가려는
설악에는 한 마리 기러기 있네

그 마음

가을 숲 다람쥐의 작은 손에 잡힌 도토리

줄 없는 거문고

그 가락 귀에 들려야

알갱이 오물거리는 아기의 손에

쥐여있는 옥수수

구멍 없는 피리

그 곡조 따라할 줄 알아야

생선비늘 벗기는 어머니의 쭈글쭈글한 손에

날리는 털도 베는 칼

그 마음 느낄 수 있어야

동자승과 큰스님

목에 건 염주 풀어 가녀린 손에 쥐어주며
큰스님은 보내고 동자승은 떠난다
피안교에서

가는 건 동자승 보내는 이는 큰스님인데
동자승은 보내는 이 가는 건 큰스님

떠난 곳이 도착한 곳 이른 데가 출발한 데
네 자신을 등불로 삼아라

동자승이 흔드는 수건은 조각구름이 되고
합장한 큰스님은 석불이 되고

(2005년 〈열린 시학〉 가을호 게재)

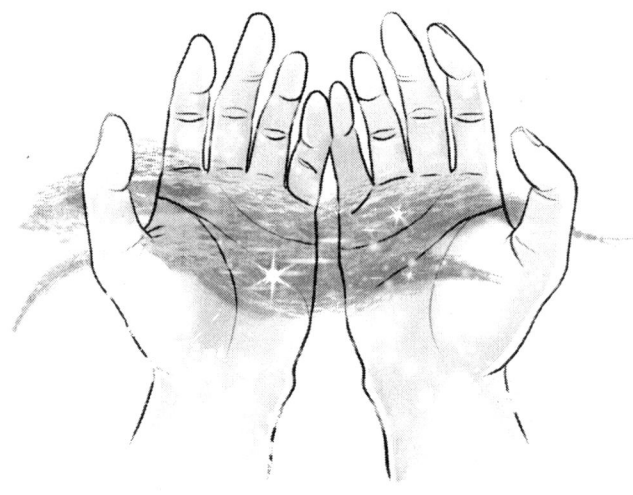

강물처럼

부처님이 환히 보였다는데
만불동 석수는
먹물을 먹이지 않고도

시신을 염하면서도
염장이는
따스한 체온을 나누어 주었다던데

장구(章句)를 따라다니던 스님은
들리지 않는 자기 울음소리를
없는 귀로 들으셨다는데

지친 이 몸
움켜 쥔 빈주먹을 펴보면
시간의 녹슨 강물만 흐를 뿐

(2005년 불교지 〈유심〉 22호 게재)

피안교(彼岸橋)에서

달그림자는
물에 빠지지도 않고
머무르지도 않는데

내 그림자는
빠져 허우적거리고
그 자리에서 맴돌 뿐

강을 건너려다
기슭에 닿기도 전에
뒤돌아보고 달려오기만…

(2005년 불교지 〈유심〉 22호 게재)

동자승과 눈사람

새벽에 내다보니 흰눈이 소복이 쌓였어요

큰스님 해우소 가실 길을 열어놓고 싶었어요

빗자루로는 잘 쓸리지 않고 이마에 땀만 맺혔어요

에라 눈덩이를 굴려보자

구르는 눈덩이따라 길이 쉽게 뚫렸어요

염화실에서 해우소까지

요사채에서 공양간까지

큰스님이 큰 눈덩이 위에 작은 눈덩이를 올려주셨어요

나는 주장자 대신 빗자루를 꽂고 웃는 얼굴을 그렸지요

큰스님 닮은 부처님 닮은

(2006년 〈시와 시학〉 봄호 게재)

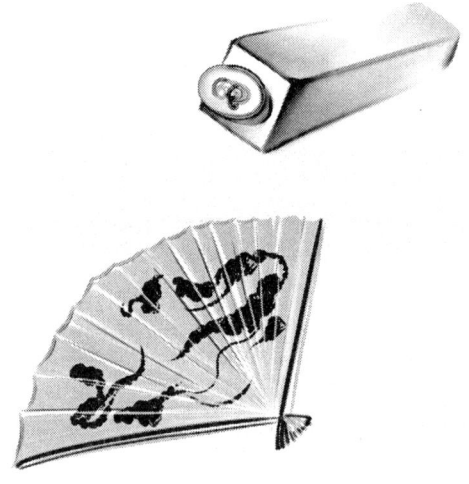

무늬 없는 도장(無紋綵印)

펼쳐진 빈 부채 황모필에 먹을 묻혀
운문화상 화두 한 줄 일필휘지 새긴 뒤에
낙관을 찍으려하니 찾을 길이 없어라

토끼 뿔로 새긴 도장 무산오현 네 글자는
진흙 위에 무늬 남고 물 위에선 생각 남아
차라리 허공에 찍어 날려 보내버릴 것을

논문

– 화씨지벽과 진시황 앞에 선 인상여를 생각하다 –

호랑이는 죽어서 가죽 한 장 뿐
떳떳한 내 이름자 명예를 걸어

보옥을 바치고도 발목을 잘릴
한 글자 한 획에도 흠 없는 진실

머리를 기둥에 내던질 기개
여울목에 몸 놓아 돌다리 되리

(2009년 불교지 〈유심〉 7-8월호 게재)

외과의사

소를 찾은 동자는
타고 돌아 와보니 고삐만 남아
저잣거리로 나갔다던데

주문진의 어부는
만경창파 헤치기 삼십 년에
노와 상앗대를 버렸다는데

시조에 미친 그 스님은
입산 사십 년에 눈멀고 혀가 빠져
물소리만 들으며 벌레처럼 기는데

낡아가는 이 몸은
베어도 피 안 묻는 칼을 찾아 이십 년
바로 내 팔 끝에 매달려 있었는데…

(2011년 불교지 〈유심〉 3-4월호 게재)

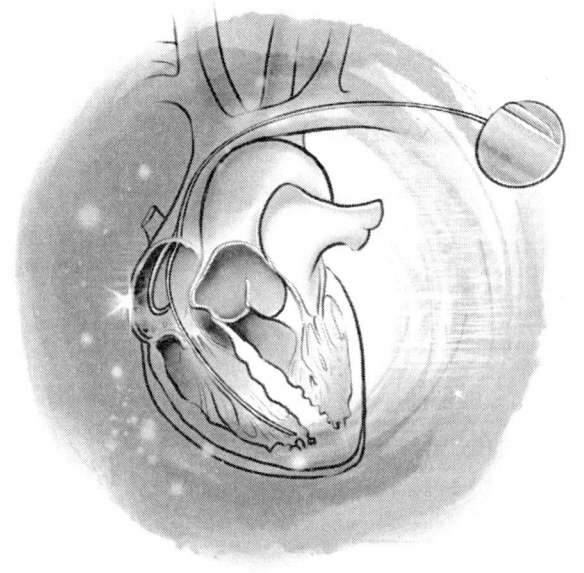

심장조율기

정해진 속도로 달리고는
그만 사라져버리는
페이스 메이커

지친 심장을
뚝딱 뚝딱 뛰게하는
박동조율기

채찍을 들고
달리는 말들을 지켜보는
조련사

연구하는 제자들을
지켜보는 스승의
흰 머리칼

(2006년 〈시를 사랑하는 사람들〉 1-2월호 게재)

시인과 검객

길가다 검객을 만나면
칼을 바치라고 배웠기에

내리치는 취모검을
활인검으로 막았는데

흔들리는 달그림자 따라
더덩실 춤을 추었더니

장구(章句)도 읊기 전에
시인이 되었습니다

(2005년 〈시와 시학〉 57호 게재)

황건 시집 | 질그릇가 옹기장이

해설

아득한 당신을 향한 치열한 구도(求道)의 시

이경철(문학평론가)

"추수 끝난 들판을 날아다니며/떨어진 이삭들을 찾아 헤매는//인적 끊긴 나루터에 호올로 서서/강 건너 언덕만 바라다보는//눈 덮인 벌판 건너 바람도 없이/앞을 막은 북벽(北壁) 향해 걸어만 가는"

-「나」 전문

깊은 성찰에서 우러난 맑고 허정한 시

황건 시인의 첫 시집 『질그릇과 옹기장이』는 쉽고 편안하다. 우리네 일상적 삶과 보편적 교양에서 시가 나오고 있어 익숙하다. 그러면서 치열하면서도 아득하다. 현재진행형이면서도 반성적이다. 상반된 것을 어떻게든 하나로 끌어안으려는 치열한 반성이 시편들을 이끌고 있다.

이번 시집 『질그릇과 옹기장이』는 사랑시집이다. 이제 떠나가고 없는

'당신'에 대한 지극한 사랑에서 시가 나오고 있다. 그런 사랑은 결국 당신과 나를 하나가 되게 하고 있다. 만남과 이별, 참과 거짓, 선과 악, 너와 나 등의 상반된 2분법을 뛰어넘는 사랑.

그런 당신과 나의 사랑은 결국 절대의 지경을 향하고 있다. 그래 『질그릇과 옹기장이』는 치열해서 아득하고 아름다워서 경건한 구도(求道)시집으로도, 연애시집으로도 읽힐 수 있다.

2005년 『시와 시학』을 통해 등단한 황 시인의 시세계는 "스스로의 존재와 삶에 대한 깊은 성찰에서 우러나와 우리네 심란한 마음을 청정하게 한다"는 평을 받고 있다. 연구하는 성형외과의사로 세계적인 명성을 얻고 있기도 한 시인은 의사로서 사람들을 치유하고 시인으로서 자신과 세상의 마음을 맑게 치유하고 있는 셈이다.

시인 스스로 대표작으로 꼽고 있고 시인의 시세계를 잘 드러내고 있는 것 같아 이 글 제목 바로 아래 인용한 시「나」를 먼저 감상해보시라. 마치 자화상처럼 구도하는 시인의 행태와 사람의 마음을 맑게 하여 세상을 치유하려는 시인의 마음과 태도가 잘 드러나 있지 않은가.

위 시에서 눈에 띄는 것은 우선 현재진행형이다. '날아다니며', '찾아 헤매는', '호올로 서서', '바라다보는', '걸어만 가는' 등 행 마다 시제를 현재진행형으로 종결하고 있다. 한 곳에 편안히 안주(安住)하지 못하고 무언가를 찾아 부단히 홀로 헤매고 있는 모습이 현재진행형으로 전경화(前景化)되고 있다.

그렇게 현재진행형으로 부산하게 움직이고 있는데도 시적 배경은 허전하다. 추수 끝난 늦가을 들녘처럼, 배 떠나고 인적 끊긴 나루처럼, 눈 덮인 벌판처럼 텅 비어있다. 텅 비어 허전하고 청정하다. 거기다 가야할 길, 강 건너 언덕 피안(彼岸)으로 가는 길은 은산철벽(銀山鐵壁)같은 북벽으로 막혀있다.

그런 길을 시인은 바랑도 없이 맨몸 맨 마음으로 헤매고 있다. 끊임없이 현재진행형으로. 이게 구도하는 자세로 치열하게 사는 시인의 자화상이다. 극히 사실적이고 부산할 정도로 역동적이어서 실존의 한계상황으로 읽힐 수도 있는 시다.

서구 실존철학에서 대책 없이 질척질척한 뻘밭에 내던져져 아등바등하는 한계적 삶인데도 위 시에서 그 중심은 텅 비어있고 청정하고 고요하다. 움직임 속에 고요가 있고 가득 참 속에 텅 빔의 세계도 읽힌다. 그래 서구의 2분법적 사고를 넘어서 나와 남, 자아와 세계의 합일을 추구하는 동양, 특히 불교적 세계의 도를 치열하게 구하고 쉽게 전하고자하는 시로 내겐 읽힌다.

우리시대에 되살아난 만해의 침묵하는 님

"이 세상에 자신의 마음이 아프기를 바라는 사람은 아마 없을 것입니다./만약 그런 사람이 있다면 아마 자학증 환자일 것입니다./그런데 당신이 떠나신 뒤로 나는 스스로 마음을 아프게 만듭니다./당신을 생각하며 아파하는 나의 마음은 나의 당신을 사랑하는 마음의 한 부분입니다./따라서 나의 마음이 많이 아프면 당신에 대한 사랑이 크고, 적게 아프면 사랑이 적은 것입니다./당신은 나에게 '세월이 흐르면 아픔도 잊게 될 것이다' 하시고 떠났습니다./당신이 가신 뒤로 당신을 떠나보낸 아픔보다 그 아픔이 적어져 당신에 대한 사랑이 적어지는 것이 더욱 두렵습니다."

— 「정비례」 전문

떠난 당신, 임을 그리워하고 아파하는 연시(戀詩)다. 헤어지고 나서 그렇게 가슴 아프다가도 세월이 흐르면 그 아픔의 통증도 서서히 가라앉고 잊혀지는 게 상례다. 그걸 익히 알면서도 이별의 아픔이 가라앉는 것을 더 아프고 두렵다 고백하고 있는 시다.

위 시는 시적 화자(話者)가 떠난 당신을 여전히 그리워하고 사랑하며 고백하고 있는 형식을 취하고 있다. 그것도 논리적이면서도 솔직하고 경건하게 존대어로. 그런 형식부터 만해 한용운의 시집 『님의 침묵』의 시편들과 닮아 있다.

승려로서 만해가 33인의 민족 대표로 3.1독립운동을 앞장서 이끌다 투옥돼 옥고를 치르고 설악산 백담사로 들어가 1926년 펴낸 시집이 『님의 침묵』. 국민들에게 애송되고 있는 표제시가 "님은 갔습니다. 아아 사랑하는 나의 님은 갔습니다"로 시작해 "떠날 때에 다시 만날 것을 믿습니다"라고 했듯 이별부터 만남까지 기승전결(起承轉結) 구성의 순서로 임께 사랑고백 하듯 이루어진 88편의 연작 연시집으로 읽힐 수 있는 게 『님의 침묵』이다.

나라를 잃고 사랑하는 임이 떠난 침묵의, 궁핍한 시대였지만 침묵하지 않고 연시 형태로 친숙하고 간절하게 사랑을 일깨우고 우리네 본래 마음자리를 잃게 하지 않아 근현대시사에 우뚝 선 시집이 『님의 침묵』이다. 이번 시집 속에는 그런 『님의 침묵』의 산문시 형식은 물론 내용을 본뜨고 직접 몇 구절까지 따온 시편들이 참 많이도 눈에 띈다.

위 시 「정비례」도 만해의 시 「사랑의 측량」에서 발상됐다. "사랑의 양을 알려면 당신과 나의 거리를 측량할 수밖에 없습니다./그래서 당신과 나의 거리가 멀면 사랑의 양이 많고, 거리가 가까우면 사랑의 양이 적을 것입니다./그런데 적은 사랑은 나를 웃기더니, 많은 사랑은 나를 울립니다"와 발상은 물론 작법도 같지 않은가. 크고 많은 사랑일수록 마음이 더 아픈 건 아무리 세월과 세상이 변해도 변할 수 없는 마음, 진리 아니겠는가.

"당신의 손에 잡힌 나를 써 주셔요. 나는 당신을 위해 언제나 준비되어 있습니다./다른 사람이 나를 잡으려고 손을 뻗치면 나는 예리한 나의 두 날로 위협하지마는 당신이 손을 내밀면 당신의 손에 착 들러붙어서 당신이 바라는 대로 움직입니다./나는 당신의 손에 잡히면 무엇이나 자를 수 있습니다. 어떤 장해물도 피하여 나아갈 수 있습니다./만약 내가 더러워지면 나를 깨끗이 닦아 끓여 정화시켜 주셔요./만일 나의 날이 무디어지면 타버려 재가 되어버린 사랑을 다시 일으키듯이 나의 날을 갈아 세워주셔요./나는 내가 낡아도 당신이 나를 버리지 않고 허드렛일에라도 써 주기를 바라면서 당신의 손에 잡혀 날마다 날마다 낡아갑니다."

- 「수술가위의 노래」 전문

성형외과 의사답게 수술가위가 화자가 돼 당신을 향한 순정과 순종을 고백하고 있다. 아니 화자와 당신, 의사와 수술가위가 일체가 돼가고 있는 시다.

여성성의 화자, 어조(語調)와 구성, 심지어 시 한 구절까지 그대로 만해의 「나룻배와 행인」을 본뜨고 있다. "나는 당신을 기다리면서 날마다 날마다 낡어갑니다.//나는 나룻배/당신은 행인"이라며 나룻배를 화자로 내세워 임, 당신을 위해 뭐든지 다해줄 수 있는 간절한 만해의 마음과 시를 그대로 따르고 있다.

그러면서 의사로서 직업의식, 생명을 다루는 소명, 윤리의식까지도 드러내고 있다. 시인이 의대생들에게 강의하고 있는 '문학과 의학'이 대중들을 구제하는 덕목과 자세를 전한 「나룻배와 행인」을 매개 삼아 잘 합치돼 빛을 발하고 있는 시다.

"나의 가슴은 화로여요. 당신은 혹시 나의 마음이 식을까봐 풀무질로 달굽니다./당신의 손은 집게여요. 당신은 달구어진 나의 마음을 꺼냅니다./당신은 대장장이여요. 당신은 꺼낸 나의 마음을 망치로 마구 내려칩니다./당신의 망치에 맞은 나의 마음은 불꽃을 튀기며 부서집니다./당신은 부서진 나의 마음을 모아 붙인 후 청강수에 넣습니다./그러면 여리고 약해지려던 나의 마음은 다시 단단해집니다."

-「담금질」 전문

일편단심으로 사랑하는 마음을 대장간의 담금질에 비유한 시다. 사랑에 푹 빠졌을 때 우리네 마음 또한 무쇠를 담금질해 강철로 만드는 대장장이, 당신께 철저하게 굴복당하고 저장당한 체험 한번쯤은 겪어 쉬이 이해될 수 있는 시다.

그래도 기꺼이 당신께 달구어지고 두드려 맞고 청강수에 담금질 당하고 싶다. 하여 당신을 향한 일편단심의 마음 강철처럼 단련시키고 싶다. 그렇게 우리 마음을 단련시키는 당신은 누구인가. 사랑하는 그대, 연애 상대로서의 임이면서도 그런 임을 넘어서고 있다. 『님의 침묵』에서의 '님'처럼.

선(禪)적 깨달음과 도(道)에 이르는 당신

"당신이 가신 뒤 당신을 찾으러 가는 길에 현인(賢人)을 만났습니다. '모든 것은 마음이 지어낸 것이다(一切唯心造). 네가 다시 찾으려는 너의 님은 너의 마음이 만든 허상이다. 허상을 찾아 목숨을 걸다니 어리석다.'고 현인은 말하였습니다./그 현인은 어리석습니다./목숨이 중하기는 하지만 당신을 찾지 못하면 죽는 것보다도 더 고통스러운 줄 모르기 때문입니다./나의 님은 내가 만든 허상이 아니라 그 허상과 꼭 일치하는 실체인 것을 모르기 때문입니다./님의 그림자인 내가 있으니 나의 님도 실체일 수밖에 없다는 것을 모르기 때문입니다."

-「일체유심조」전문

이 시 역시 만해의 시 「선사(禪師)의 설법(說法)」을 본뜨고 있다. "나는 선사의 설법을 들었습니다./'너는 사랑의 쇠사슬에 묶여서 고통을 받지 말고, 사랑의 줄을 끊어라. 그러면 너의 마음이 즐거우리라'.고//그 선사는 어지간히 어리석습니다"라는 어법과 논리 전개가 꼭 빼닮은 시다.

그러면서 위 시는 불교의 알파요 오메가인 '일체유심조'를 제목으로 내세워 직격해 들어가고 있다. 이 세상 모든 것, 우주 삼라만상은 다 마음이 지어낸 것이다. 그러니 모든 것은 허상(虛像)이요, 공(空)하다고 현인과 선사들은 말한다.

그러나 위 시에서는 그렇게 간절히 그리워하고 하나 되기 바라는 당신, 임은 허상이 아니라 실체라는 것이다. 세상의 모든 것을 지어내는 마음 자체라는 것이다. 이렇게 본디 마음 자체가 세상과 일체가 되어 지어내는 세계가 삼라만상이 제각각을 뽐내면서도 향기롭게 어우러지는 화엄세상 아니겠는가. 하여 이 시집 시편들의 당신, 임은 구체적인 연애 대상의 인격을 넘어 구도의 궁극의 지경에 들어서고 있다.

"펼쳐진 빈 부채에 황모필에 먹을 묻혀/운문화상 화두 한줄 일필휘지 새긴 뒤에/낙관을 찍으려하니 찾을 길이 없어라//토끼 뿔로 새긴 도장 무산오현 네 글자는/진흙 위에 무늬 남고 물 위에선 생각 남아/차라리 허공에 찍어 날려 보내버릴 것을"

- 「무늬 없는 도장」 전문

3장 6구 45자 내외의 틀을 지닌 우리 고유의 정형시인 시조다. 시조 정형의 자수율과 음보율에 꼬박꼬박 따른 2수로 된 연시조다. 시 속에 나오는 우리시대 최고의 선승이자 대승이고 시조시인인 무산오현대종사에게서 받은 부채휘호를 소재로 삼은 시여서 대종사 따라 시조 형식을 취했을 것이다.

시인은 산문 「선방문고리」에서 이 시를 쓰게 된 계기를 밝혔다. 겨울에 흰 부채를 하나 사 대종사에게 한 자 써달라고 우송했다. 몇 달 후 찾아뵙고 '운문주고삼문(雲門廚庫三門)' 여섯 글자와 대종사 법호가 적힌 그 부채를 돌려받았다고.

옛 조사와 선사들의 유명한 화두를 모아놓아 선의 교과서로 통하는 『벽암록』에 실린 '운문주고삼문'은 중국 선불교를 크게 진작시킨 운문선사가 "그대에게 광명을 가져오는 자 누구인가?"묻고 "부엌(廚庫)과 삼문(三門)이다"고 스스로 답한 화두다. 이 화두를 오현대종사는 "선방 문고리만 잡아도 삼세윤회를 면한다"고 쉽게 풀이했다고 산문은 쓰고 있다.

선에서 화두(話頭)란 문자 그대로 말 머리다. 말을 이끄는 말의 머리가 아니라 말과 생각을 끊어버리고 이언절려(離言絶慮)의 지경으로 이끄는 말이다. "부처님은 무엇이냐"는 물음에 운문선사는 "마른 똥막대기다"고 답했듯 기존의 언어와 지식 등을 모두 내려놓아야 이를 수 있는 참진 세계를 선은 향한다.

위 시도 그런 선적 지경에 이르고 있다. 어디 토끼한테 뿔이 있기나 한 건가. 애초부터 없는 허상에 도장까지 파서 인준한다는 게 무슨 소용이냐며 기성의 모든 것 다 내려놓고 허정하고 청정한 본디의 마음, 본디 여여한 세상을 열려하고 있다.

"그는/문 세 개를 지나/부엌 문고리를 잡으면/빛이 보인다고 하였는데//나는/손을 깨끗이 닦고/무영등 아래에 서도/눈이 어둡고//그는/좋은 일도/없느니만 못하다고 하였는데//내게는/매일 매일이/모두 좋은 날일 뿐…"

- 「부엌과 삼문(三門)」 전문

위에서 살핀 운문선사의 화두를 직접 제목으로 내건 시다. 그러면서 운문선사와 시인 자신을 대비시키고 있다. 전반부에서는 마음을 내려놓을 준비만 하더라도 운문선사는 본디 마음의 빛의 경지에 이르는데 자신은 그럴 준비를 충분히 했는데도 그 지경에 들지 못했다 한다. 후반부에서는 아무리 좋은 일도 없는 일만 못하다 했으나 자신은 날마다 좋은 날이라고 자신의 지경을 한탄하고 있다.

그러나 다시 읽어보면 그게 아니다. 위에서 살핀 산문에서 시인은 적어도 세 개의 문을 지나며 몸과 옷을 무균상태로 소독하고 수술실에 들어간다고 했다. 마치 선승이 청정한 마음으로 선방에 들듯. 그리고 수술실에서 그림자 지지 않는 무영등(無影燈)을 켜고 간절하게 수술에 임한다.

"수술실의 무영등은 내게 광명을 가져오고, 나의 눈을 밝히는 빛은 수술 받는 환자에게도 치유의 빛을 가져오리라 기원한다"고 산문에서 밝히고 있다. 이런 시인의 일상의 의료행위는 참선과 하나도 다를 게 없다. 산중 토굴 속에 홀로 틀어박힌 별쭝난 마음 씀씀이가 선이나 도가 아니다. 일상의 자연스런 마음이 이렇게 곧 선과 도가 되는 것이다. 그래서 마조선사도 평상심시도(平常心是道)라 했으며 우리에게 널리 알려진 "날마다 좋은 날"이란 화두를 던지지 않았는가.

시인은 구차한 선적인 방편이나 화두 넘어 의료행위의 평상으로 단박에 그런 지경에 이른 것이다. 여기서 저기서 이 공부 저 공부로 부처님

구하지 않고 자신의 지극한 마음과 지금 눈앞에 펼쳐진 실존의 현전 세계로 부처와 선의 궁극에 이르고 있는 시로 내겐 읽힌다.

당신에게 수렴되는 인문학적 교양과 지식

"아버지께서 새의 깃털을 모아 하늘을 날 수 있는 날개를 만들어 주셨어요. 내 등에 붙여주시며 해 가까이는 가지 말라고 이르셨지요./푸른 창공을 날다가 당신을 보았어요. 수평선 아래로 그 고운 모습을 감추려는 당신의 얼굴을 언뜻 보았어요./당신 주위로 맴돌기만 하던 나는 당신에게로 빨려들어 갑니다. 아버지와의 약속이 귓가에 맴도는데도./다가갈수록 나의 날개를 붙인 밀랍이 녹아 흐릅니다. 나는 알아요. 당신께 가까이 가면 나는 재가 되어버린다는 것을./밀랍이 녹아 날개를 잃고 바다에 빠지기 전에 당신의 품에 안기어 단단히 눌러 붙기만을 바라며 나는 날아갑니다./전에 우리는 하나였다는 것을 믿기 때문입니다."

- 「이카루스의 노래-빛나는 해에게 바친다」 전문

그리스신화를 차용한 시다. 서양신화를 만해의 『님의 침묵』 형식과 어법으로 끌어다 일편단심 절대의 사랑을 고백하는 시편들도 이번 시집에는 적잖이 눈에 띈다.

새의 깃털을 모아 날개를 만들어 밀랍으로 등에 붙이고 해를 향해 날다 밀랍이 녹아 추락사한 인물이 이카루스다. 그 이카루스로 하여금 죽음도 불사하고 기꺼이 당신, 본질을 향해 직진하는 시인의 마음을 대변케 한 시다.

위 시에서 '당신'은 '빛나는 해'로 드러난다. 그리고 그런 당신, 해와 화자는 원래 하나였다고 한다. 하나였다 둘로 나눠진 것들이 다시 하나로 합쳐지는 것이 동서양 막론하고 사랑, 에로스 신화의 원형 아니겠는가. 그런 사랑의 신화소는 시인의 시편들에서 사랑을 넘어 삼라만상의 본질에 가 닿으려는 구도의 궁극을 향하고도 있다.

"나와 당신과의 인연은 날개 달린 어린이가 양을 치던 나에게 황금사과를 건네기 전부터 정해져 있었나봐요./권력이나 지혜보다 아름다움을 더 사랑했기에 나는 그 사과를 미의 여신에게 주었어요./그 대가로 당신은 나를 처음 본 순간 화살에 맞아 나를 따라왔습니다./나는 늘 아름다운 당신의 눈을 들여다보는 것을 좋아했어요. 시간은 빨리 흘러갔구요./그들이 당신을 데려가려 하였지만 비록 모든 것을 잃게 되더라도 나는 사랑하는 당신을 보낼 수 없었습니다./이제 숨이 가쁘고 몸을 가눌 수 없으니 내가 당신을 떠나 먼저 가나봅니다./그러나 나는 그때의 선택을 후회하지는 않아요. 그 동안 너무나도 행복하였기 때문입니다."

- 「파리스의 애가(哀歌)」 전문

그리스 왕비 헬레네를 납치해 트로이 전쟁까지 일어나게 하고 전쟁 끝에 죽는 트로이 왕자 파리스가 화자로 나서 죽어가며 고백하고 있는 시다. "권력이나 지혜보다 아름다움을 더 사랑"했노라고.

트로이 전쟁에서 수많은 병사들이 죽어가면서도 헬레네를 보고 저런 여인 때문에 죽는다면 어쩔 수 없다고 인정한 아름다움. 많은 탐미적 예술의 모티프가 되기도 한 여인이 헬레네다. 그러나 이 시에서 죽음까지 불사한 숙명적인 사랑은, 무엇보다 『님의 침묵』의 간절하고 솔직한 존대어법은 서구적 탐미주의를 넘어 성스런 차원으로 승화되게 하고 있다.

"그가 어깨에 지고 갔던 열네 곳을 따라/불빛 앞에 이르면/굳게 닫혀 있는 문//그들이 헐은 지/사흘 만에 세운/그 집//포도주는 피로/빵은 살로//나를 버려야만 열리는/그 문"

- 「그의 집」 전문

예수가 십자가를 지고 못 박혀 죽기 위해 올랐던 예루살렘 골고다 언덕과 기독교 성지 등을 순례하며 쓴 시로 보인다. 사형선고를 받은 장소부터 무덤까지 십자가의 길 열네 곳을 순례하고 또 죽음을 예감한 예수가 제자들을 불러 모아 마지막으로 빵과 포도주로 식사한 곳도 둘러보고 있는 시다.

그런 기독교 성지순례의 위 시에도 "나를 버려야만 열리는/그 문"이라며 불교적 성향이 드러나고 있다. 불교에서는 '나'에 집착하는 '아집(我執)'을 우선 버려야 그 문이 열린다고 누누이 강조하고 있지 않은가. 종교에 따라 길이 다를 뿐이지 불변의 진리, 도에 어찌 다름이 있겠는가.

최후의 만찬 때 예수는 제자들에게 빵과 포도주를 손수 나눠주며 "이는 내 피요 살이다"고 했다. 이를 본떠 가톨릭성당에서는 미사 때마다 성체성사를 행하며 예수와 신자들을 한 몸 한 마음으로 일치시키고 있다.

이처럼 이번 시집에는 서양신화와 종교에서도 사랑의 절대자, 구도의 궁극으로서 '당신'을 찾고 있다. 시인의 인문학적, 종교적 교양 또는 지식이 '당신'을 향해 수렴되며 사랑, 도의 궁극을 향하고 있다.

도와 시가 흔적 없이 일체화돼가는 서정

"부처님이 환히 보였다는데/만불동 석수는/먹물을 먹이지 않고도//시신을 염하면서도/염장이는/따스한 체온을 나누어 주었다던데//장구(章句)를 따라다니던 스님은/들리지 않는 자기 울음소리를/없는 귀로 들으셨다는데//지친 이 몸/움켜 쥔 빈주먹을 펴보면/시간의 녹슨 강물만 흐를 뿐"

- 「강물처럼」 전문

한 경지에 이른 석수와 염장이와 시인스님에 시인 자신을 대비시켜놓고 있는 시다. 이 시도 오현대종사가 지은 시와 글, 그리고 들은 이야기를 한 연 한 연 그대로 옮겨놓은 것이다. 마지막 4연에서 시인 자신의 자백이 진솔해 감동적인 시가 되고 있다.

많은 시편들이 산문시 형태를 띠는데 반해 이 시는 행과 연을 꼬박꼬박 나눈 정련된 자유시 형식을 취해 읽는 맛과 함께 여백의 의미와 깊이를 주고 있다. 도의 경지에 이른 석수와 염장이가 주는 울림이 여백에서 나오고 있지 않은가.

무엇보다 그런 장인도인들과 속세의 시인을 대비시키며 나눈 연의 여백에서 한탄 같은 허정한 울림이 나오고 있지 않은가. 이처럼 짧고 정련된 자유시로 문득 선적 깨달음의 지경을 서정적으로 펴고 있는 시편들도 이번 시집에선 빼어나게 눈에 띈다.

"그 늙은이는/밭을 떠난 적이/없었는데도/밭에 얽매이지 않았다는데//낡은 이 몸은/늘 떠나려고 했는데도/얽히고설켜서/발목의 거미줄을 훑어버리려/버둥거리지만/쇠사슬처럼/점점 조여들기만"

―「백장과 나」전문

두 연으로 나눠 '그 늙은이'와 '낡은 이 몸'을 대비시켜놓은 시다. 각주에 따르면 그 늙은이는 평생 밭을 갈고 참선하며 "하루 일하지 않으면 하루 먹지 않겠다(一日不作 一日不食)"는 말로 유명한 백장선사다.
세속에 살면서도, 일 하면서도 그 세계에 얽매이지 않는 백장선사 같은 도인들에 비해 벗어나려 해도 그러지 못하는 자신을 솔직히 드러낸 시다. 그런 대비로 해서 일상에 아등바등 얽매인 마음을 해방, 해탈시키는 게 얼마나 어렵고 중요한지를 더욱 선명히 보여주고 있다.

"달그림자는/물에 빠지지도 않고/머무르지도 않는데//내 그림자는/빠져 허우적거리고/그 자리에서 맴돌 뿐//강을 건너려다/기슭에 닿기도 전에/뒤돌아보고 달려오기만…"

―「피안교(彼岸橋)에서」전문

'달그림자'와 '내 그림자'가 대비된 시다. 달그림자는 월인천강(月印千江)이라, 온 천하를 골고루 비추는 반야의 빛, 곧 불법(佛法)이요 도다. 그런 달그림자여야 강 건너 기슭, 피안의 화엄 정토(淨土)에 닿는데, 차안에서 피안으로 가는 다리 위에 비친 '내 그림자'는 물에 빠져 허우적거리며 맴돌기만 한다. 자신의 덜 된 지경을 솔직히 드러내며 구도의 어려움을 서정적으로 펴고 있어 시인이 대표작으로 꼽아 맨 앞에 살펴본 「나」와 한 짝으로 읽혀도 좋을 시다.

"퍼지르고 앉으니 내 자리던데/일어나 둘러보면 흔적도 없어//앞을 보고 걸으니 내 길이던데/멈추어 돌아보면 자국도 없네"

- 「풀밭」 전문

네 행 두 연으로 이뤄진 짤막한 시다. 연마다 있음과 없음의 대구법으로 나가며 불교 팔만사천경의 요체인 『반야심경』의 '색즉시공(色卽是空)이요 공즉시색(空卽是色)'이란 고단위 관념을 실감 있게 드러내고 있는 시다.

위 시에 이르러 시인의 구도로서 시 쓰기는 확연히 한 경지에 이르고 있다. 만해의 『님의 침묵』이나 고승들의 화두나 선시, 인문학적 교양 등 그 어느 것에 기대지 않고 깨침의 궁극을 보여주고 있지 않은가. 차안에서 피안으로 태워다주는 뗏목, 거치적거리는 방편도 없애고 달을 가리키는 손가락도 싹둑 잘라버리고 달 자체를 보여주고 있는 시다.

지금 우리는 인터넷 공간의 생활화로 글로벌 사이버 신유목시대로 정처 없이 접어들었다. 가상현실이나 인공지능이 세를 더해가며 인간의 정체성 혼란을 가중시키고 있다. 이런 때일수록 우리 사회와 인간의 정처와 정체성을 찾기 위해 불교가 더 넓고 깊숙하게 시에 들어오고 있다.

불교시가 시단에 일반화되면서 불교적 세계가 주제화되지 못하고 그저 풍물적, 소재적 차원에 머물고 마는 시편들도 많이 나오고 있다. 반면 불립문자(不立文字)의 난해한 선 문법에만 기대 진정성을 의심케 하는 의뭉스런 시편들도 많이 눈에 띈다.

문예이론가 볼프강 카이저는 역저『언어예술작품론』에서 "진리는 스스로, 그리고 보편타당성 있게 표현되는 것이 아니고 무엇보다도 자아의 심혼과 확연한 생활에서의 타당성 안에 표현되는 것"이라 했다. 바로 지금 여기의 구체적 상황에서 자아와 세계가 통하는 내적 경험이 구체적으로 결정(結晶)된 것이 시이고 서정이기에 격언이나 잠언, 화두 등 아포리즘의 무시간성, 추상성을 뛰어넘어 감동을 주는 것이다.

황건 시인의 이번 시집도 불교시, 선시로 볼 수 있다. 끊임없이 당신, 절대의 진실, 도의 궁극을 갈애(渴愛)하는 구도의 시집으로 볼 수 있다. 그러다 「풀밭」 같은 빼어난 시편에서 그 궁극을 허정하게 펼쳐 보이는 지경에 이르고 있다. 시의 언어와 문법으로 언어도단(言語道斷) 지경의 진리를 구체적 결정으로 보여주는데 이른 것이다.

> "녹슨 동전을 손바닥에 쥐었다가/펴보면 순금이 되는/당신은 연금술사//어지러운 글자들을 종이에 접었다가/털어내면 노래가 되는/당신은 시인//솟아나는 번뇌를 마음속에 담았다가/꺼내면 깨달음이 되는/당신은……"

– 「당신은」 전문

이번 시집 내내 부르고 갈애하던 '당신'을 직접 제목으로 내건 시다. 당신은 누구신가를 묻고 있는 이 시에서 당신은 결국 시인으로 드러난다. 번뇌를 깨달음으로, 어지러운 글자들을 깨달음의 아름답고 가없는 노래로 바꾸는 연금술사, 아니 이 차안의 사바세계 현실을 피안의 화엄세계로 바꾸는 깨달음, 도 같은 시인이 당신이다. 그런 당신, 도와 합치하려는 갈애의 시집이 『질그릇과 옹기장이』다.

황 시인은 시 「촛불」에서 "당신의 빛과 나의 빛은 서로 이끌어 들이며 어둡던 방을 환하게 합니다./나와 당신이 마주보고 타들어 갈 때 우리는 일체만법(一切萬法)을 얻겠습니다"라고 했다. 당신과 나는 둘이면서 결국 하나다. 「당신은」에서 연금술사 시인은 결국 일체만법의 시세계를 펼치려는 황건 시인이다.

황건 시인은 우리민족 고유의 정형시인 시조에서부터 자유시, 산문시까지 이번 첫 시집에서 선보이고 있다. 그 각각의 양식적 특장을 잘 살려 마침내는 그 경계까지 뛰어넘어 깨달음의 도와 시가 하나로 통섭하며 일체만법을 서정적으로 펴는 큰 시인되시길 빈다.